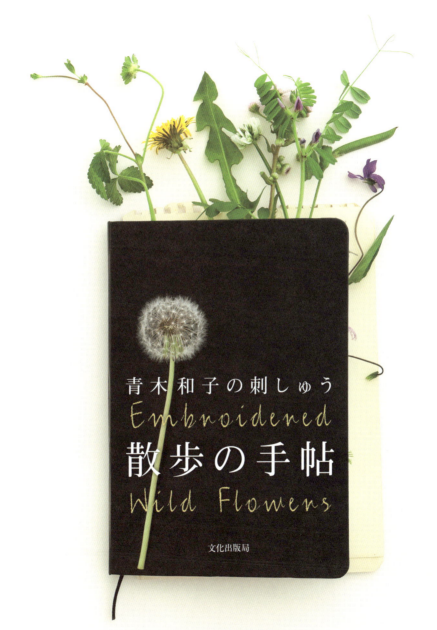

Contents

page		page	
6-7	たんぽぽの咲くころ	18-19	雨の日
8-9	土手沿いを歩く	20-21	ひまわりの隊列
10-11	ながみひなげし	22-23	草の花
12-13	すみれ	24-25	公園の隅
14-15	春の道	26-27	夏のちょう
16-17	くさいちご　へびいちご		

Embroidered Wild Flowers

page	
30-31	秋の道
32-33	色づく木の葉
34-35	フォレストコーミング
36-37	運河の向こう岸
38-39	バードウォッチング

page	
40-41	やどり木
42-43	材料を集めて
44-45	こけの世界
46-47	特別ではない、特別なもの

page	
4	Sketch I
28	Sketch II
48	How to make

Sketch 1

たんぽぽの咲くころ

日差しに暖かさを感じ始めると、
花茎を伸ばし、黄色い花が開きます。
しばらくすると綿毛が飛び始め、
タンポポの領土はどんどん広がっていきます。

土手沿いを歩く

ツクシ　　　　スギナ

8
>see p.56-57

日当りのいい土手を歩くと、
ツクシとスギナ、咲きだしたナノハナ
オオイヌノフグリが一面に。
春の始まりの小さな花です。

ながみひなげし

>see p.58-59

外来植物なのですが、
いつの間にかすっかり春の風景の花に
なってしまいました。

すみれ

散歩中に見かけるのは
道路と歩道のすきまのスミレ。
種は甘いのでアリが運んで
種まきをしてくれます。

春の道

ノゲシ

ナズナ

キツネアザミ

>see p.62-63

それぞれの好きな場所で
花を咲かせる
春の花。

ハルジオン

カラスノエンドウ

タネツケバナ

オオジシバリ

スズメノテッポウ

くさいちご　へびいちご

モミジイチゴ

ヘビイチゴ

>see p.64-65

クサイチゴ

林のへりのクサイチゴは日本のキイチゴ。
ナワシロイチゴが踏切の脇にあって、
毎年そばを通るのが楽しみ。

ナワシロイチゴ

雨の日

雨の季節の楽しみはアジサイの花。
中でもヤマアジサイは、
小さめで多種多様。

ヤマアジサイ

>see p.66-67

ひまわりの隊列

畑のあぜ道沿いのヒマワリは、
見上げるほどの背の高さ。
午後の日差しに、
うなだれるヒマワリも出てきます。

>see p.68-69

カタバミ

公園の隅

セミの鳴く夏の公園の隅は
野草たちのオアシス。
地をはったり、群生したり、つるを伸ばしたり。
そこは昆虫の住みかにもなっています。

コニシキソウ

キアゲハ

夏のちょう

強い日差しの日中、
アゲハチョウは木陰を行ったり来たり。

秋の道

暑さが納まって、涼しい風が吹くころ、
ススキの手前や
林の端で咲きだす花々。

ツリガネニンジン
ワレモコウ
カワラナデシコ
イヌタデ

>see p.76-77

色づく木の葉

32
>see p.78-79

コナラ

トウカエデ

アメリカスズカケノキ

フォレストコーミング

マダラコウラナメクジ

カヤタケ

ニガクリタケ

ベニテングタケ

キコガサタケ

34
>see p.80-81

近い林や遠い森に行って、
出会ってみたいキノコたち。

運河の向こう岸

オランダには
行ったことがないけれど、
オランダの風景みたい
と思う晩秋の運河。

やどり木

八ヶ岳に住む友人からのいただき物ですと
ヤドリギを届けてくれたのは、
近くに住む友人。

材料を集めて

藤づるをリースにして
集めた材料をとめつけていきます。
散歩にはバスケットを持参しましょう。

>see p.88-89

こけの世界

ギンゴケ

スギゴケ

アラハシラガゴケ

44
>see p.90-91

ゼニゴケ

見つける気持ちになると
コケは身近にあります。
道路のへりや木の根もと、
花だって咲きます。

タマゴケ

特別ではない、特別なもの

特別なものではないのに
その時その石を手に取ったことで、
それは特別なものになります。

刺しゅうをするときに

* 糸のこと

この本では、おもにDMCの刺しゅう糸を使用しています。
5番刺しゅう糸、麻刺しゅう糸はそのまま1本どりで刺し
ゅうします。25番刺しゅう糸は細い糸6本でゆるくよられ
ているので、使用する長さ（50〜60cmが最も使いやすい）
にカットした後で1本ずつ引き抜き、指定の本数を合わせ
て使います（この本では指定がない場合は3本どり）。
2色以上の糸を合わせて針に通して刺しゅうすることを、
「引きそろえ」と言います。色が混ざり合って深みが増し、
効果的です。
この本の作品のコーチングステッチは、押さえている糸を
目立たせたくないので、特に指定がない場合は25番1〜3
本どり、5番糸は同色の25番1本どりで押さえています。
麻糸の場合は、似たような色の25番1本どりを使用します。

* 針のこと

刺しゅう糸と針の関係はとても大切。糸の太さに合わせて、
針を選んでください。針先のとがったものを使用します。

　　5番刺しゅう糸1本どり…フランス刺しゅう針No. 3〜4
　　25番刺しゅう糸2〜3本どり…フランス刺しゅう針No. 7
　　25番刺しゅう糸1本どり…細めの縫い針
　　麻刺しゅう糸1本どり…フランス刺しゅう針No. 7

* 布地のこと

この本の作品は麻100%の布地を使っています。文化刺
しゅう枠1号（24×19cm）を使い、35×30cmの布地の中
央に刺しゅうをしました。
刺しゅうをする布地の裏面には必ず片面接着芯（中厚
程度）をはります。布の伸びがなくなり、裏に渡った刺
しゅう糸が表側に響かず、仕上がりが格段によくなります。

* 図案のこと

図案は、実物大で掲載しています。まず、トレーシング
ペーパーに写し取ります。さらに、布地の表面に水で消
えるチョークペーパー（グレーがおすすめ）と図案を写し
たトレーシングペーパー、セロファンを重ねて、手芸用
鉄筆で布地に写します。

* 枠のこと

刺しゅうをするときは、布地を枠に張るときれいに仕上
がります。小さいものは丸枠、大きいものはサイズに合
わせて、文化刺しゅう用の四角の枠を使います。

* 私のこつ　刺しゅうするとき

・刺しゅうをするときは上記のように布地に図案を写しま
す。布地によっては細部まで写らないことがあるので、
後から熱で消えるインクのボールペンで書き足します。
図案をきちんと写すことは、きれいに刺しゅうするこつ
の一つです。
仕上げのときはまず霧を吹いて、チョークペーパーの線
を消し、その後で布地の裏側からアイロン又はドライヤ
ーで熱をあて、ボールペンの線を消します。

・刺しゅうをする順序は植物であれば、茎→葉→花です。
葉の中の葉脈は後から刺したほうが、ステッチがふんわ
りと乗りすっきり見えます。

・葉や花は外側から内側に向かって刺したほうが、方向
を決めやすいです。

・図案や刺し方のページは見やすく工夫をしていますが、
刺しゅうをする前には実物を見たり、図鑑など本の写
真やインターネットで画像を確認することをおすすめし
ます。全体のイメージを知っておくと刺しゅうで表現
しやすくなり、針に迷いがありません。

・植物や鳥など種類ごとの特徴はありますが、一つとし
て同じ形はありません。花を増やしたり、ふっくらし
た鳥にしたり、それぞれの工夫で楽しんでください。

刺しゅうのステッチ

図案の中では、ステッチを「S」と省略しています。

ランニングステッチ

ステッチを入れたいけれど、目立たせたくない場合に使います。

バックステッチ

すっきりとした線刺しに仕上がります。カーブを刺すときは、針目を細かくします。葉の柄や根の先端などに使っています。

アウトラインステッチ

ボリュームとテクスチュア感のある線刺しになります。並べて刺して面刺しに使うこともあります。茎や根に使っています。

コーチングステッチ

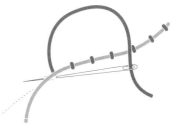

自由な線が描けるので、細かい文字も刺せます。茎は5番糸で力強く。押さえる糸をコンパクトにするときれいに仕上がります。

ストレートステッチ

シンプルなステッチですが、使い方で刺しゅうが生きます。細い花びらや植物の細部に使います。

スプリットステッチ

並べて面刺しによく使います。葉などの広い面を刺し埋めても重くなりません。やや長めの針目のほうが平らに仕上がります。

サテンステッチ

光沢感とフラットさが、花びらにぴったり。葉にも使います。糸の引き具合をそろえるときれいに仕上がります。

ロングアンドショートステッチ

 →

広い面積によく使います。必ず図案の外側から針を出し、中心側に針を入れます。

2段目を刺すときは、1段目の糸の間から針を出して、すきまがあかないように刺します。

フレンチナッツステッチ
（2回巻きの場合）

 → 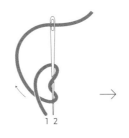 →

花心や小さなつぼみ、種などに使います。糸の引き方で、固い感じにもふわっとした感じにもなります。この本では指定がない場合は2回巻きです。

チェーンステッチ

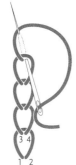

鎖がつながるステッチです。糸の引き具合を強めにしてチェーンを細くすると、ボリュームのある線刺しにも使えます。

フライステッチ

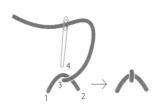

鳥やちょうの羽の輪郭に使いました。とめる糸の長さでさまざまな表現ができます。

ブリオンステッチ(円形)

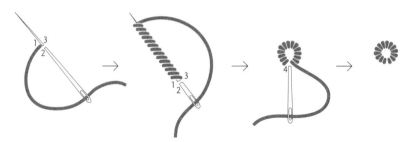

円形に仕上げるタイプ。2、3で布をすくう分を少なくして、針に糸を巻く回数を多くすると丸くなります。さらに糸を巻く回数を多くすると、しずく形になります。

レゼーデージーステッチ

 〈バリエーション〉

小さな花びらやがくに使います。中の空間を埋めるためにストレートステッチやサテンステッチと組み合わせることもあります。細長く刺したり、糸の引き具合で形の調整ができます。

ブランケットステッチ

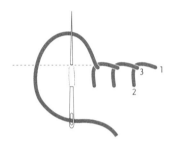 〈バリエーション〉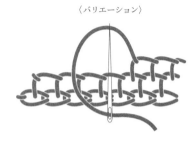

アップリケや縁かがりに多く使われるステッチです。図案に合わせて、間隔や足の長さを変えて刺します。ボタンホールステッチとも呼ばれています。

チェーンステッチを1列刺し、そのチェーンの中に針を入れて布をすくい、ブランケットステッチをします。次の段からは、半分ずらして刺していきます。

スパイダーウェブステッチ
（5本足の場合）

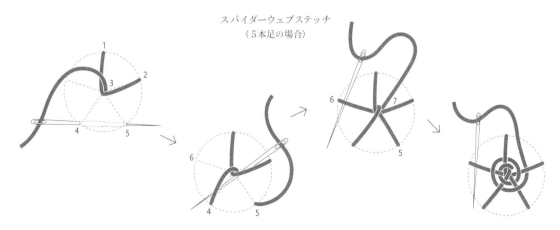

円形の中に糸を渡して5本の足を作り、中心に糸を出してぐるぐる巻いていきます。

p.72（下）コニシキソウの葉の刺し方

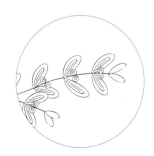

レゼーデージーステッチを内側、外側の順に二重に刺して、中の空間をストレートステッチで埋めます。レゼーデージーステッチのとめる糸を小さくすると先端の丸い葉になります。

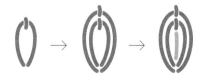

p.84-85 鳥の目の刺し方

フレンチナッツステッチを刺した後、1本どりレゼーデージーステッチの白く細いラインで回りを囲みます。両方のステッチのとめる糸を目頭と目尻のどちらにするか、レゼーデージーステッチ（刺し方p.52の順番1、2）の間隔のあけ方によって、表情が変わります。

たんぽぽの咲くころ page 6-7

[材料] DMC刺しゅう糸25番=989, 988, 3346, 726, 3821, 729, 613, 3863, 168, 844, 3023　5番=989

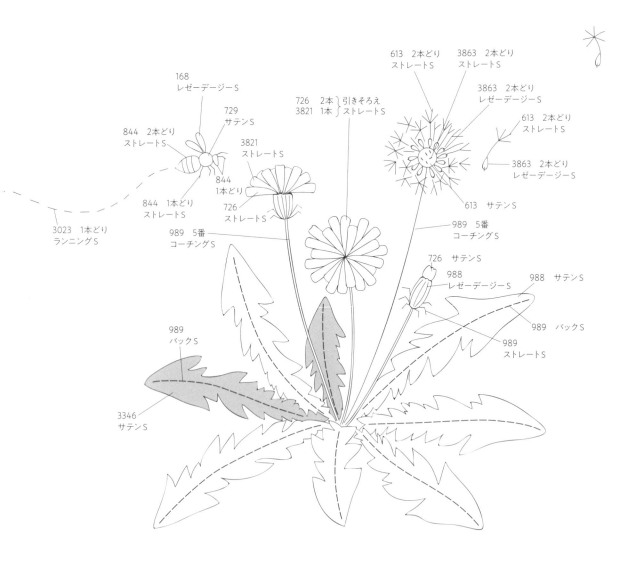

[材料] DMC刺しゅう糸25番=989, 988, 726, 613, 3863
5番=989　別布=ポリエステルチュール（グリーン）適量

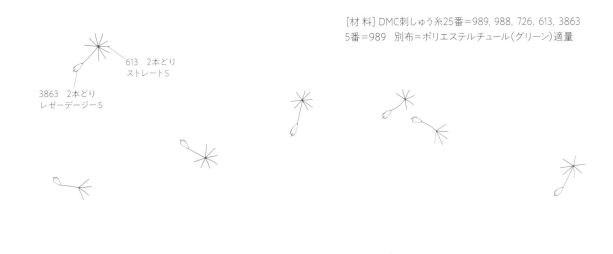

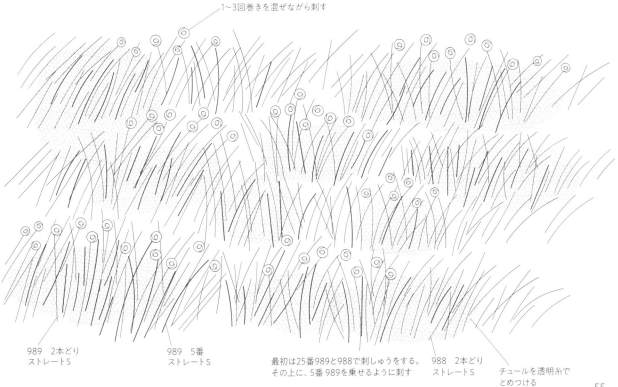

土手沿いを歩く　page 8-9

[材料] DMC刺しゅう糸25番＝989, 3347, 372, 611, 738, 422, 822, 3023　5番＝738, 989

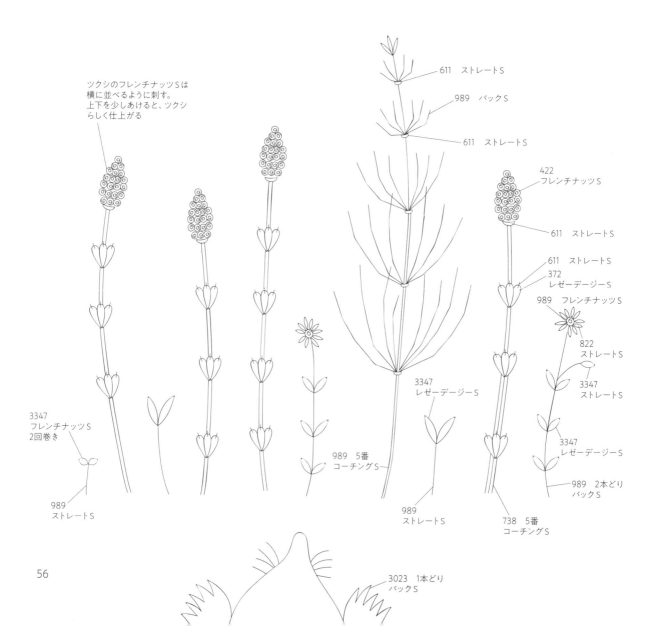

[材料] DMC刺しゅう糸25番=989, 988, 3347, 372, 3012, 611, 738, 422, 3822, 3328, 156, 822, 3023, 645
5番=738, 989, 3012　別布=ポリエステルチュール(ブルーグレー)適量

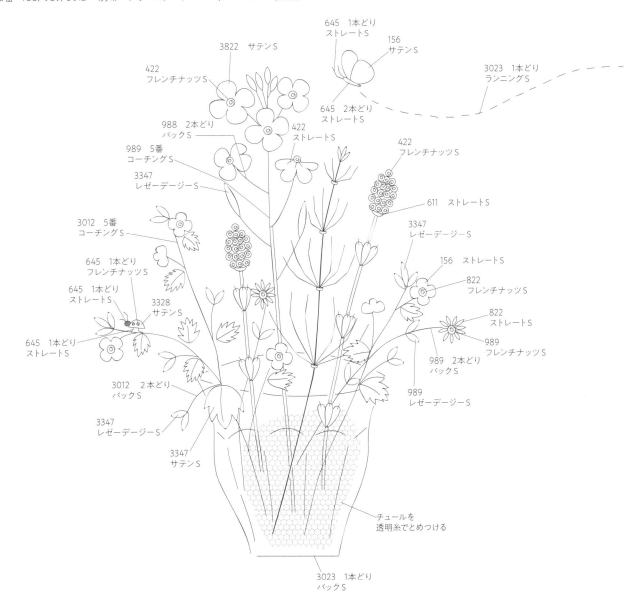

＊ ツクシ、スギナの刺し方は
　p.56参照

ながみひなげし page 10-11

[材料] DMC刺しゅう糸25番＝989, 3347, 3012, 721, 351, 3866, 738, 729, 844, 168　　5番＝989

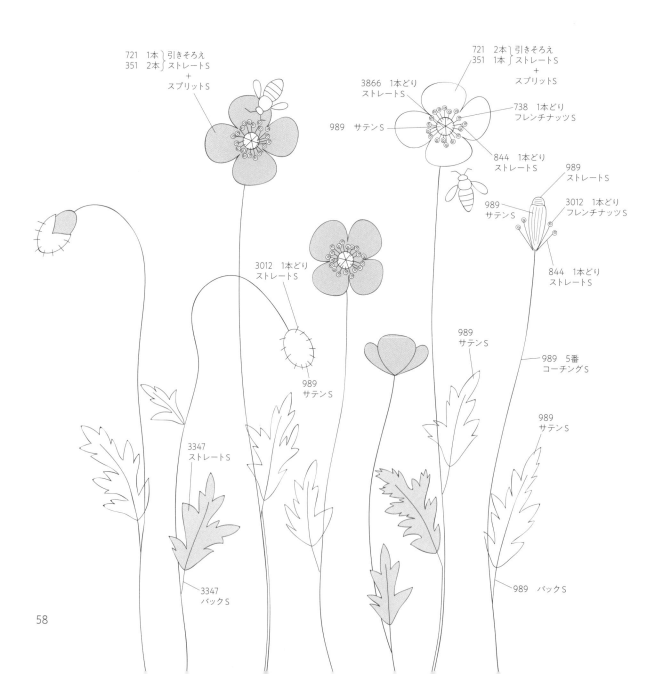

[材料] DMC刺しゅう糸25番=989, 3347, 3012, 721, 351, 3866, 738, 729, 844, 168　　5番=989, 3012

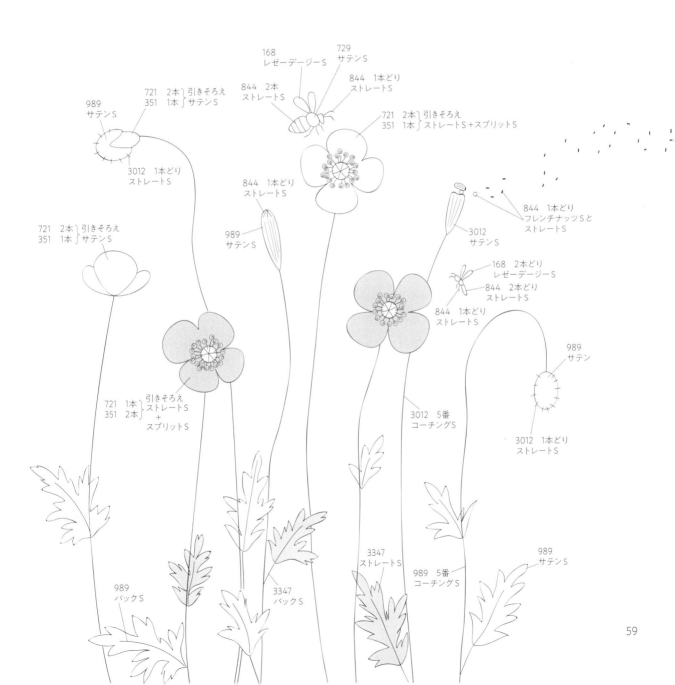

すみれ page 12-13

[材料] DMC刺しゅう糸25番＝368, 989, 3347, 3363, 3820, 333, 3837, 841, 3862, 3865, 3023, 844, 613　5番＝989, 841
AFE麻刺しゅう糸＝L901

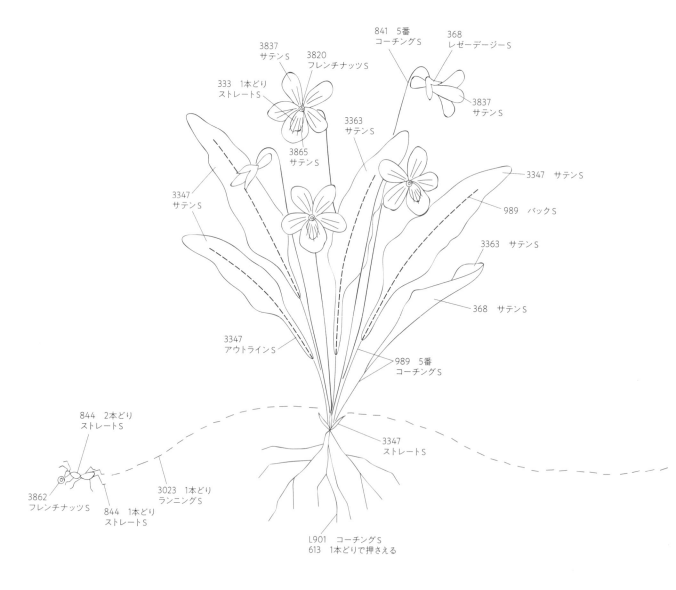

60

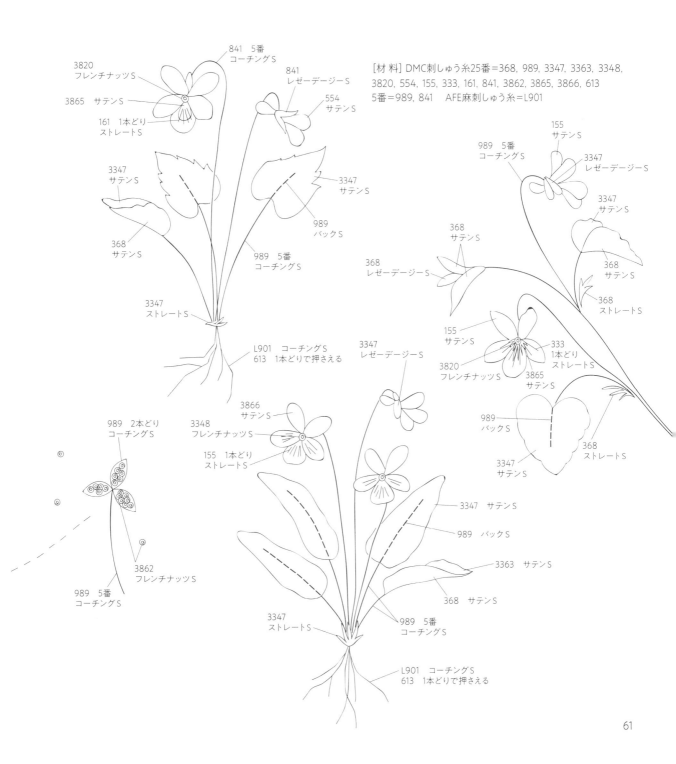

春の道 page 14-15

[材料] DMC刺しゅう糸25番＝470, 989, 988, 3363, 320, 554, 726, ECRU, 3863, 646　5番＝989

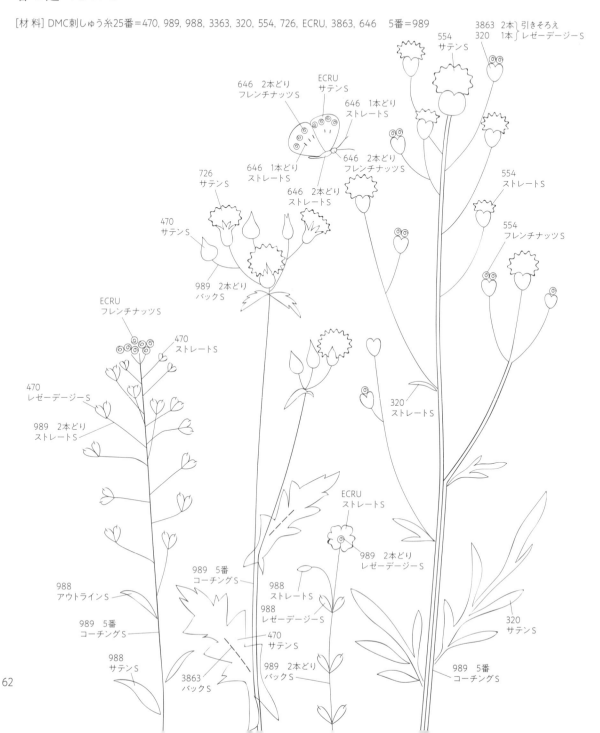

[材料] DMC刺しゅう糸25番=471, 470, 989, 988, 3363, 3354, 3607, 3803, 726, ECRU, 3863, 3023　5番=989, 471

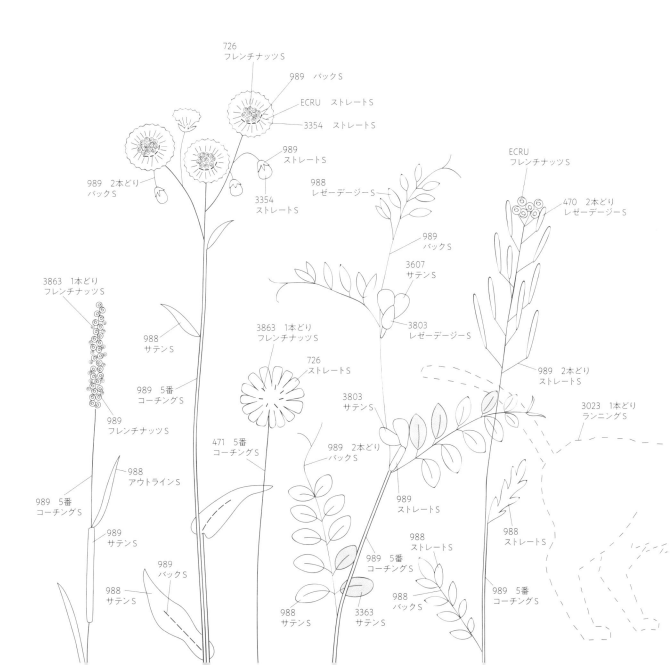

くさいちご　へびいちご　page 16-17

[材料] DMC刺しゅう糸25番＝3348, 3347, 3363, 989, 988, 3821, 729, 612, 3853, 3328, 347, 822, 168, 646, 645, 3012
5番＝3347, 3012

989
サテンS

3347
サテンS

989
サテンS

3347　5番
コーチングS

989
レゼーデージーS

3348　3本┐引きそろえ
3853　1本┘フレンチナッツS

3347
ストレートS

168
レゼーデージーS

729　サテンS

3853　6本どり
フレンチナッツS

3328　2本┐引きそろえ
347　1本┘フレンチナッツS

3347
ストレートS

645　2本どり
ストレートS

3012　5番
コーチングS

645　1本どり
ストレートS

988
レゼーデージーS

3012　1本どり
ストレートS

3348
ストレートS

3821
サテンS

989
ストレートS

3347　5番
コーチングS

3363
サテンS

822
サテンS

729　2本
フレンチナッツS

612　2本どり
フレンチナッツS

729
サテンS

988
ストレートS

3363
サテンS

645　1本どり
ストレートS

3347
ストレートS

3347　5番
コーチングS

646
サテンS

612　2本どり
バックS

989
サテンS

64

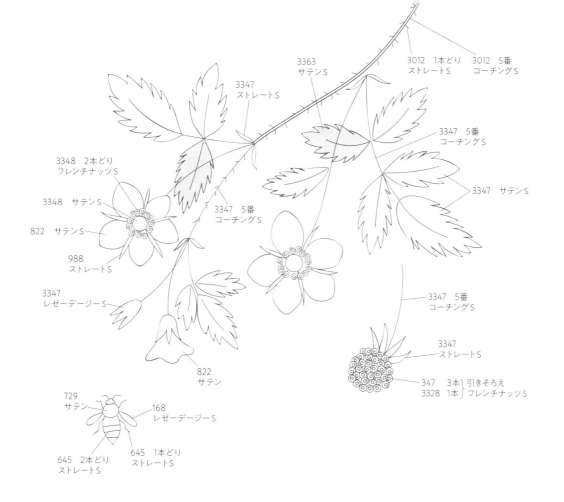
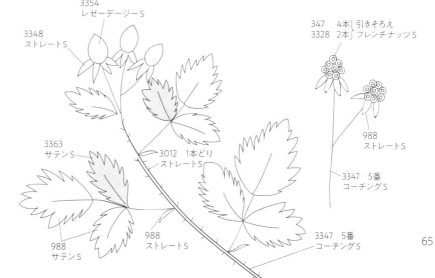

[材料] DMC刺しゅう糸25番=3348, 3347, 3363, 988, 729, 3354, 3328, 347, 822, 168, 645, 3012
5番=3347, 3012

[材料] DMC刺しゅう糸25番＝800, 794, 3838, 3807, 155, 210, 3041, 315, 612, 840, 470, 3347　5番＝3347

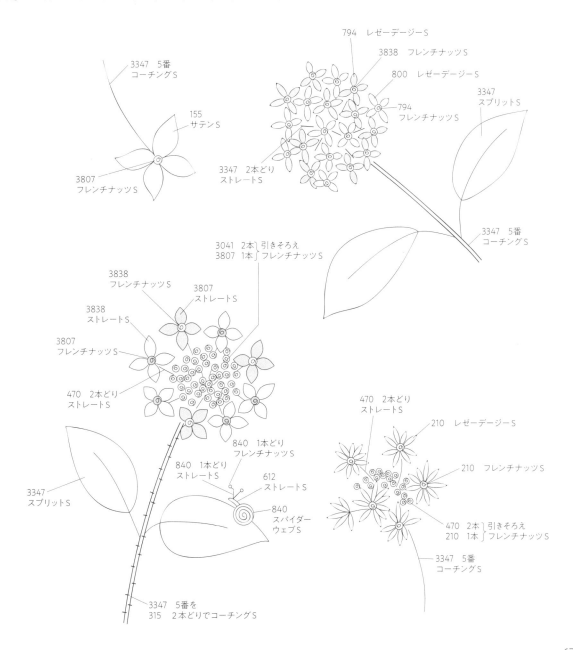

ひまわりの隊列 page 20-21

[材料] DMC刺しゅう糸25番＝989、3347、3363、3819、17、3821、612、3045、3862、839、844、3023　5番＝989
* 葉はすべてサテンSで刺す
  花びらはすべてレゼーデージーSで刺す
  花心と茎のステッチ、糸の色番号はすべて同じ

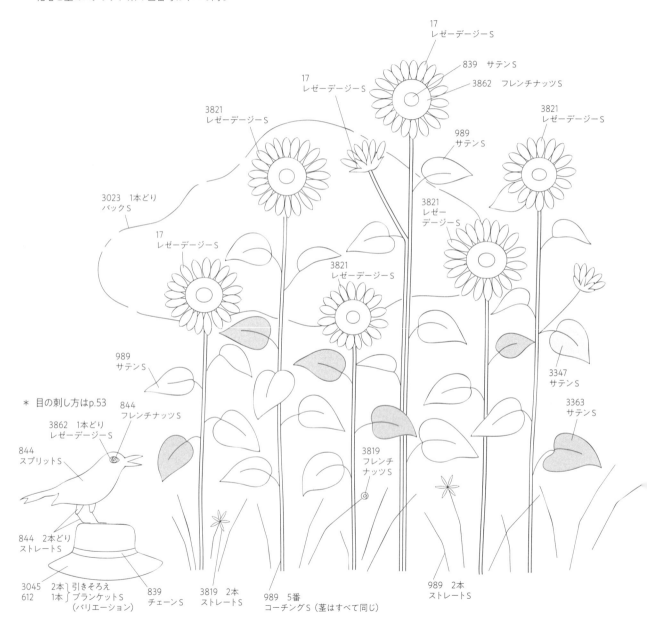

[材料] DMC刺しゅう糸25番=989, 3347, 3363, 3819, 17, 3821, 3862, 839, 3023　5番=989

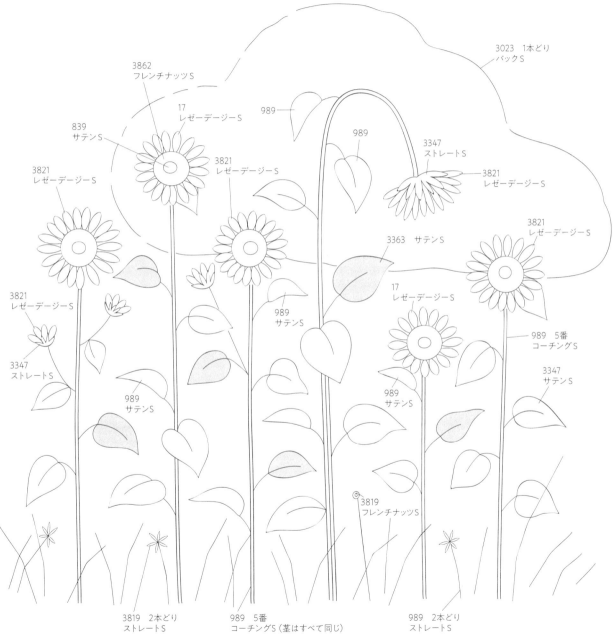

草の花　page 22-23

[材料] DMC刺しゅう糸25番＝989, 3347, 3346, 471, 470, 729, 436, 612, 3023, 645　　5番＝989, 3347, 3346

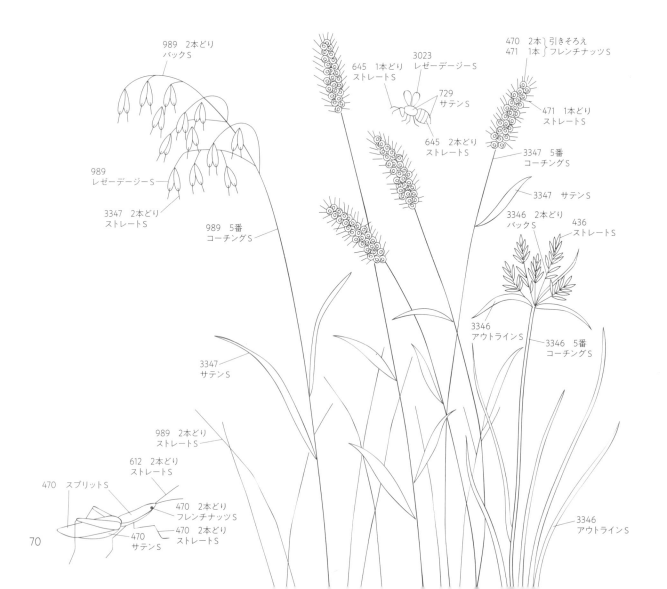

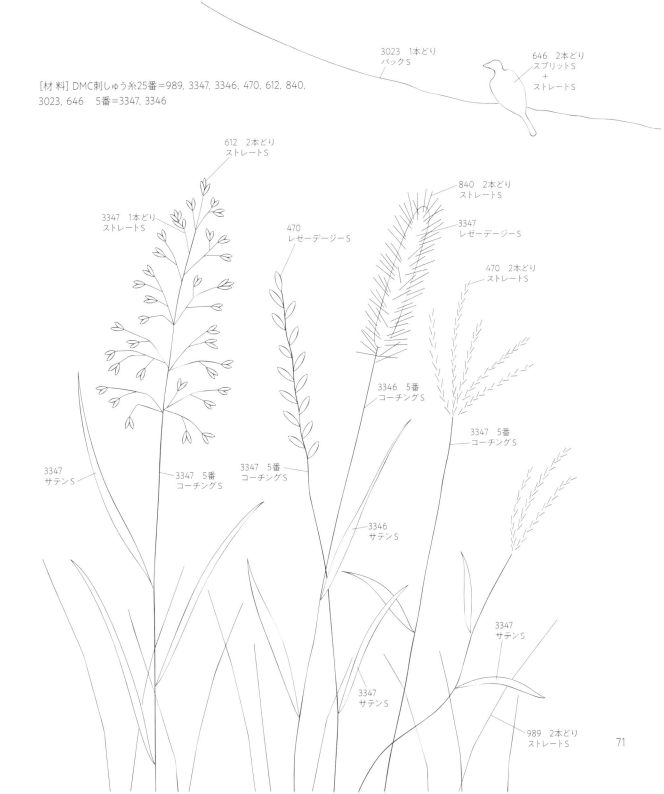

公園の隅 page 24-25

[材料] DMC刺しゅう糸25番＝369, 471, 988, 320, 3346, 3822, 3820, 844, 3860, 841　5番＝471, 841

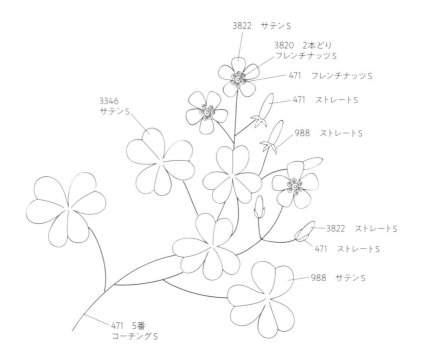

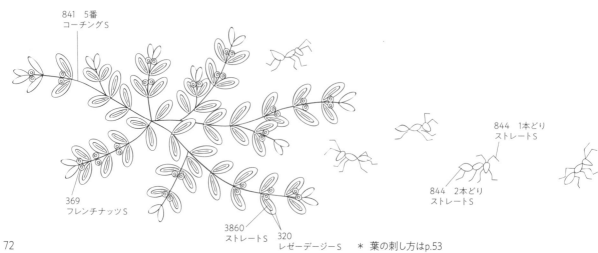

＊葉の刺し方はp.53

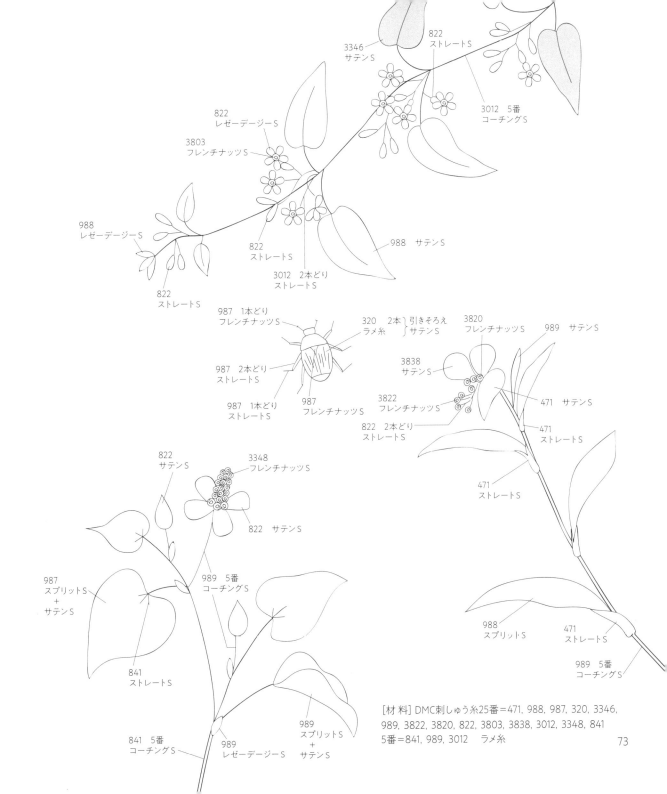

夏のちょう page 26-27

[材料] DMC刺しゅう糸25番＝3078, 976, 3023, 646, 844, 156
ワイヤ＝フラワー用ワイヤー ハダカ線No.30

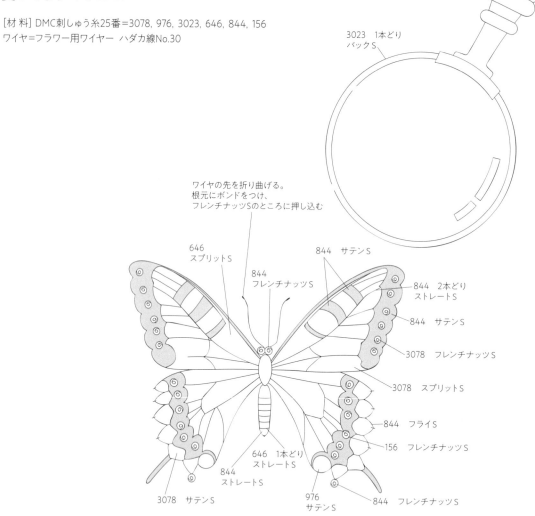

[材 料] DMC刺しゅう糸25番＝822, 3078, 976, 420, 434, 646, 844, 350, 156, 839　　ワイヤ＝フラワー用ワイヤー　ハダカ線No.30

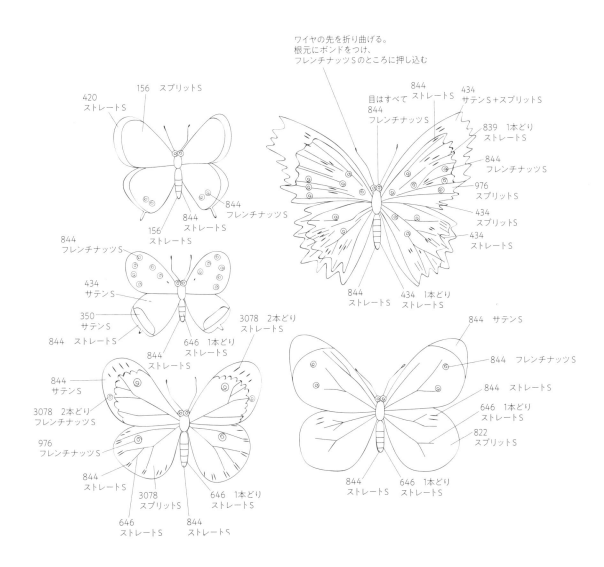

秋の道　page 30-31

[材料] DMC刺しゅう糸25番=368, 989, 988, 3363, 320, 3012, 3772, 554, 3688, 3803, 155, 168, 844, 729
5番=368, 989, 3012

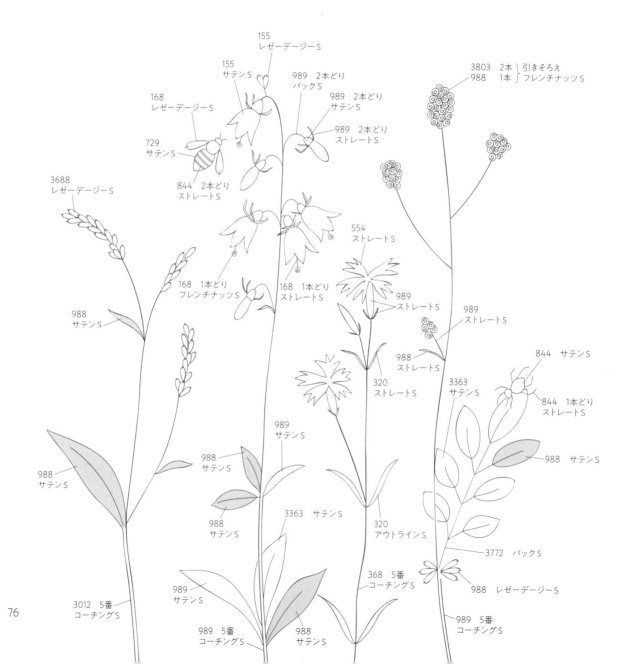

[材 料] DMC刺しゅう糸25番＝368, 989, 988, 3363, 320, 3348, 165, 3012, 436, 3772,
554, 3688, 3687, 3607, 553, 168, 844, 729　5番＝368, 989, 3012

844　1本どり
ストレートS

844　1本どり
ストレートS

436
スプリットS

844　1本どり
フレンチナッツS

844
ストレートS

844
フレンチナッツS

165
フレンチナッツS

168
レゼーデージーS

729
サテンS

844　2本どり
ストレートS

844　1本どり
ストレートS

553
レゼーデージーS

3348
フレンチナッツS

3348
バックS

3687　2本 ┐引きそろえ
3607　1本 ┘サテンS

368　レゼーデージーS
＋
3012　ストレートS

320
ストレートS

3348
アウトラインS

368
レゼーデージーS
＋
3012
ストレートS

320
ストレートS

988
ストレートS

988
バックS

320
ストレートS

989
ストレートS

554
レゼーデージーS

988
アウトラインS

3688
レゼーデージーS

320
サテンS

988
サテンS

3688
フレンチ
ナッツS

368
バックS

3363
サテンS

989　5番
コーチングS

3772
バックS

988
サテンS

3363
サテンS

989　5番
コーチングS

368
バックS

989　5番
コーチングS

3012　5番
コーチングS

368　5番
コーチングS

色づく木の葉　page 32-33

[材料] DMC刺しゅう糸25番=165, 833, 729, 420, 350, 921, 822, 471

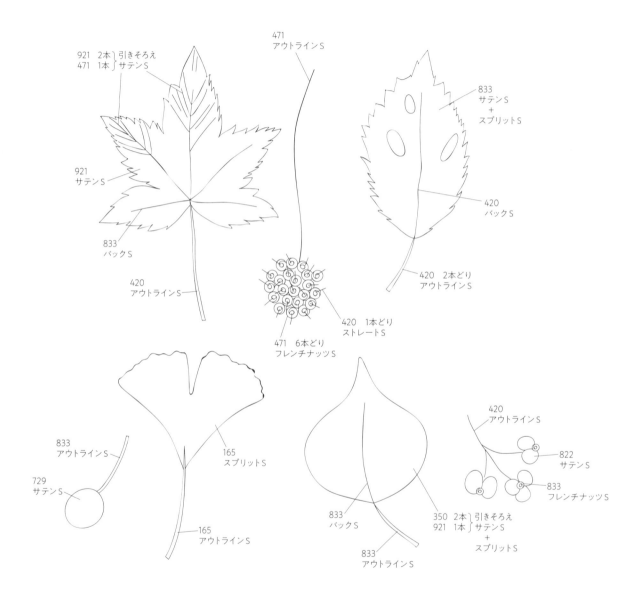

[材料] DMC刺しゅう糸25番＝165, 833, 420, 3782
4075, 4130 (段染め)

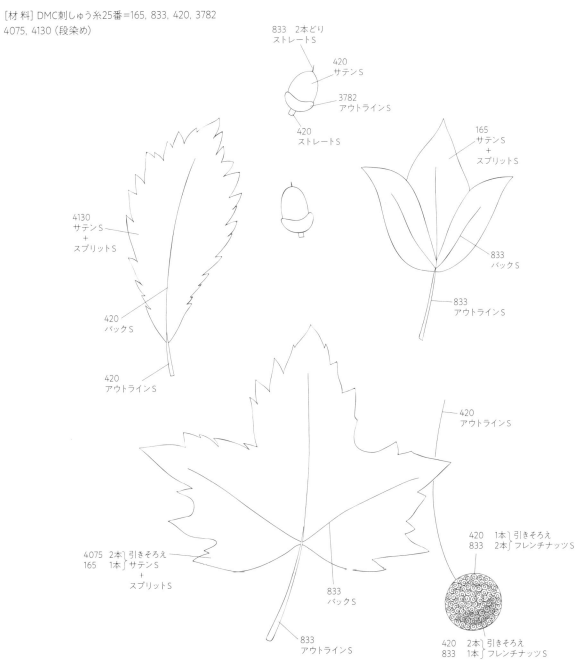

フォレストコーミング page 34-35

[材料] DMC刺しゅう糸25番＝3866, 738, 437, 436, 435, 420, 840, 612, 677, 3822, 3046, 921, 350, 647, 645, 844　5番＝3046

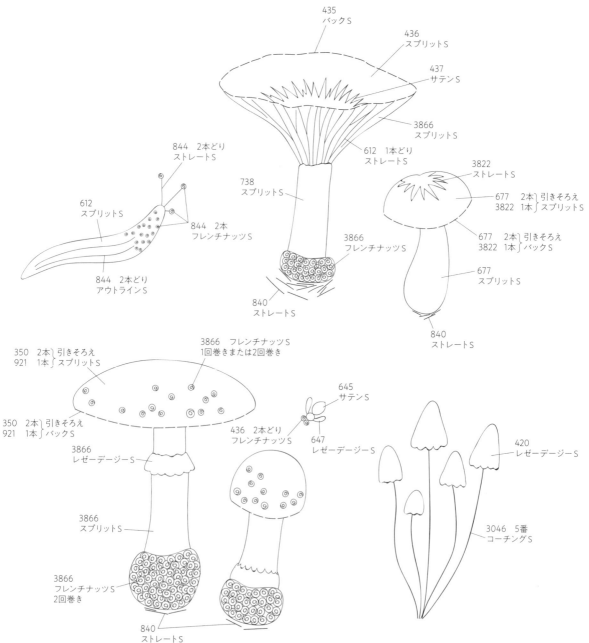

[材料] DMC刺しゅう糸25番=3866, 738, 436, 420, 840, 3743, 209, 340, 3046, 647, 3778　5番=3046

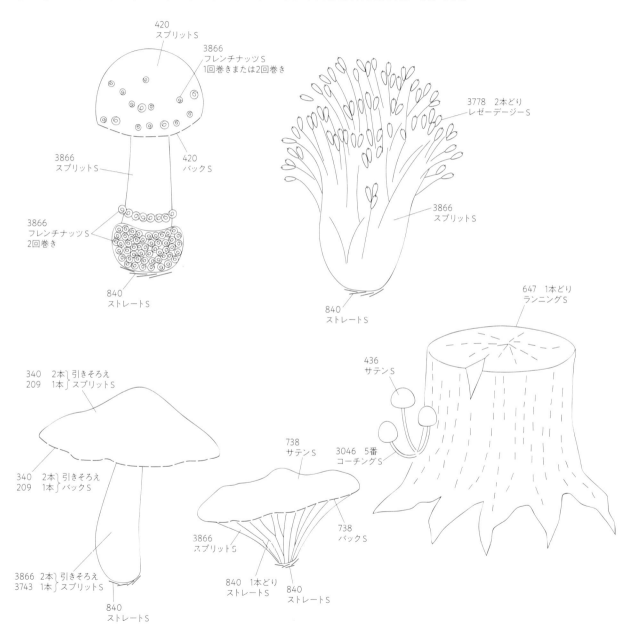

運河の向こう岸 page 36-37

[材料] DMC刺しゅう糸25番＝833, 301, 3023, 640, 645, ECRU　AFE麻刺しゅう糸＝L903, L910
別布＝AFEチュール（グリーン）適量

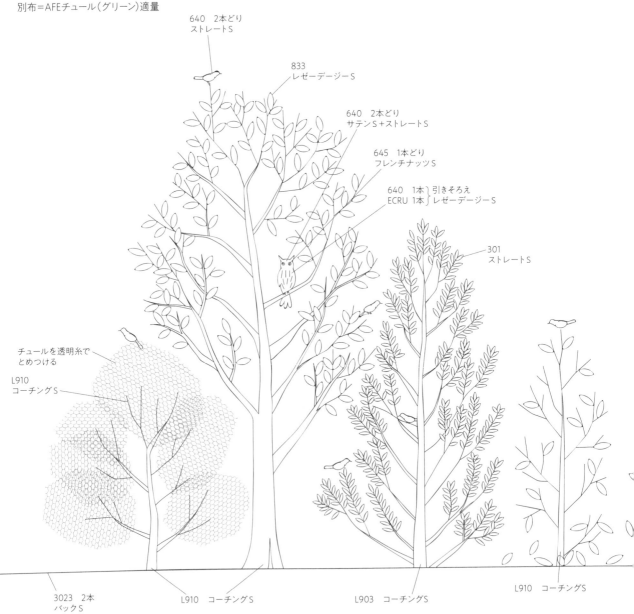

[材料] DMC刺しゅう糸25番=833, 782, 301, 932, 3023, 640, 645, ECRU　AFE麻刺しゅう糸=L903, L910
別布=AFEチュール(グリーン)適量

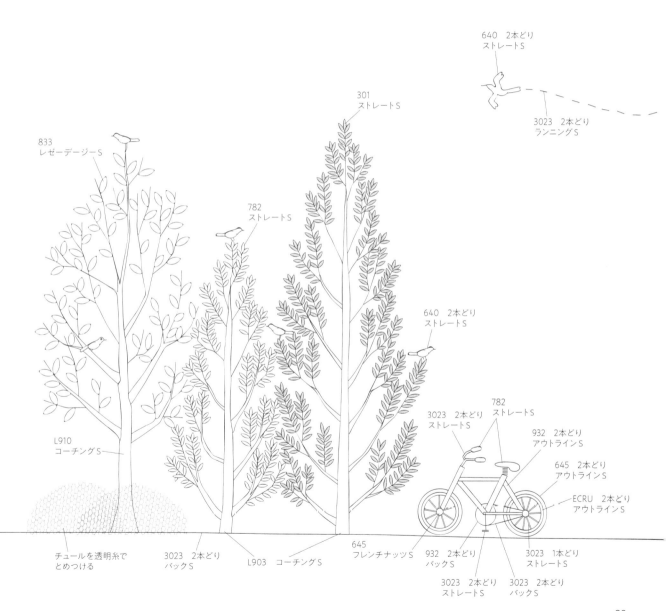

バードウォッチング page 38-39

[材料] DMC刺しゅう糸25番＝3866, 3072, 3023, 844, 310, 640, 167, 435, 977

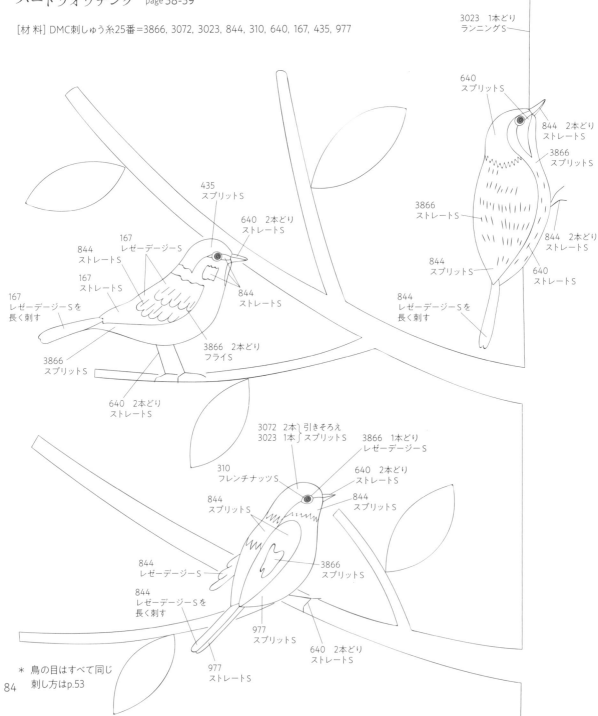

* 鳥の目はすべて同じ
刺し方はp.53

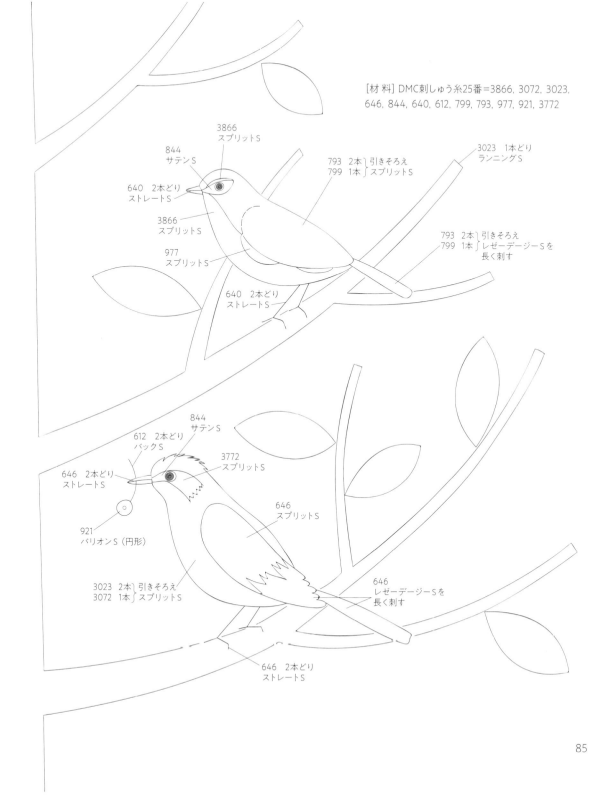

やどり木　page 40-41

[材 料] DMC刺しゅう糸25番＝3012, 368, 3347, 11, 921, 612　5番＝612　AFE麻刺しゅう糸＝L204

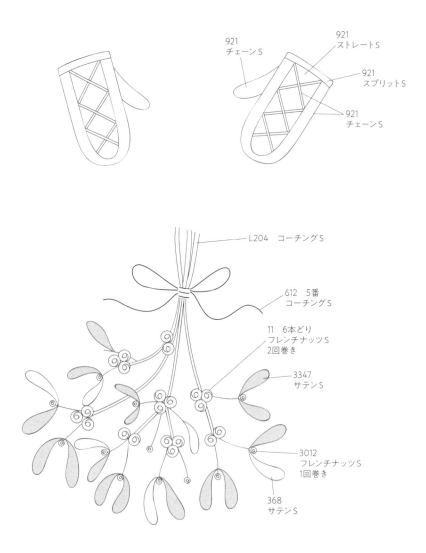

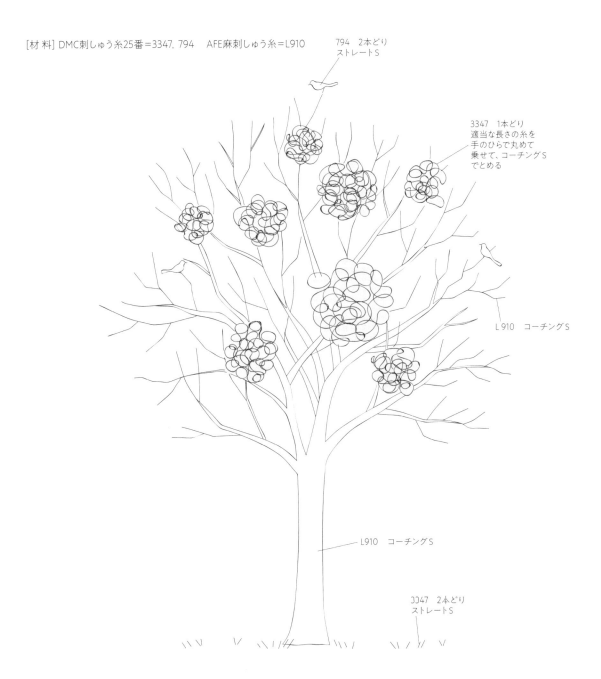

材料を集めて page 42-43

[材 料] DMC刺しゅう糸25番＝612, 841, 3772, 320, 987, 3363, 3768, 3023　5番＝612　AFE麻刺しゅう糸＝L403

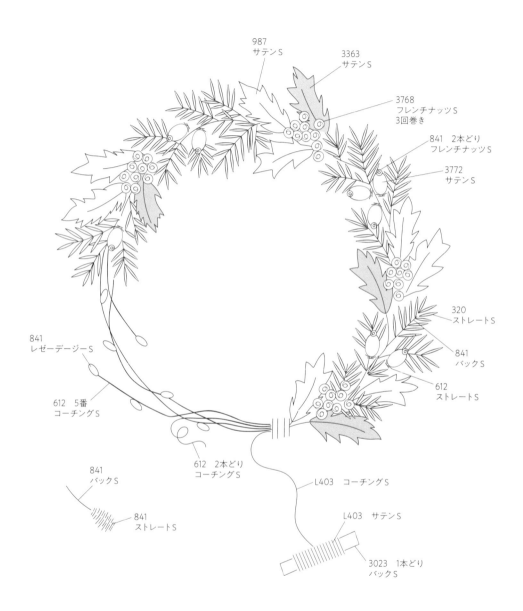

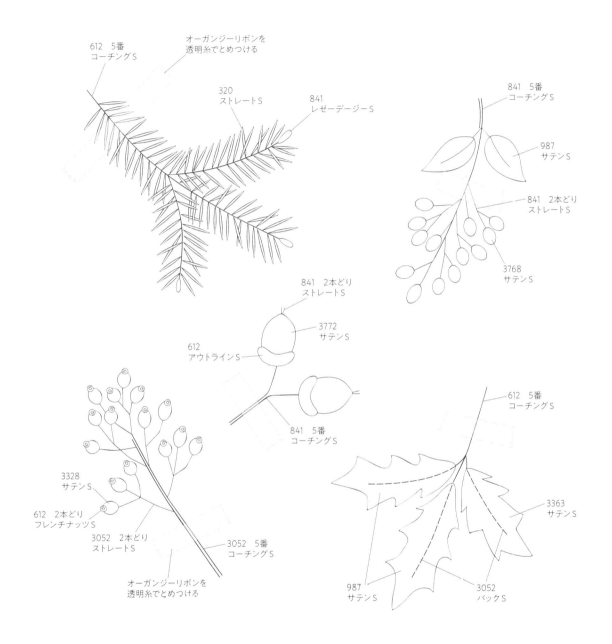

[材料] DMC刺しゅう糸25番＝612, 841, 3772, 320, 987, 3052, 3363, 3328, 3768　5番＝612, 841, 3052
オーガンジーリボン＝MOKUBA刺しゅう用リボンNo.1500 5mm幅Col.15 少々

こけの世界　page 44-45

[材料] DMC刺しゅう糸25番＝470, 368, 320, 988, 3347, 3046, 3772, 3023　AFE麻刺しゅう糸＝L904
別布＝ポリエステルオーガンジー（グリーン）適量
両面接着芯＝少々

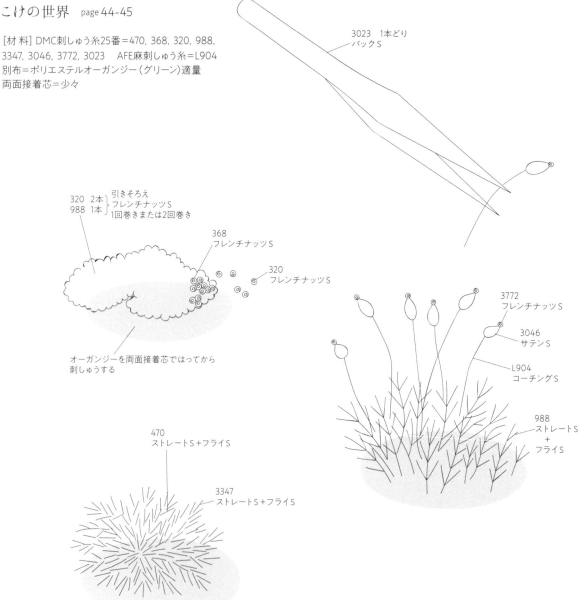

[材料] DMC刺しゅう糸25番=471, 368, 320, 3347, 3772, 3023　AFE麻刺しゅう糸=L908
別布=ポリエステルオーガンジー（グリーン）適量　両面接着芯=少々

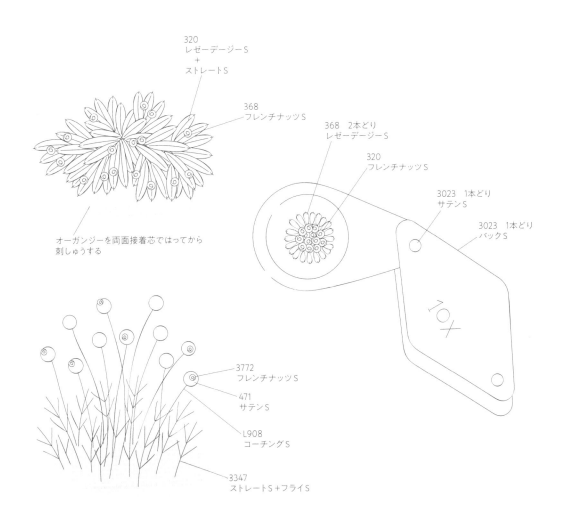

特別ではない、特別なもの page 46-47

[材料] DMC刺しゅう糸25番＝01, 648, 646, 535, 844, 422, 407, 07, 08, 3346, 989　5番＝646, 989
オーガンジーリボン＝MOKUBA刺しゅう用リボンNo.1500 5mm幅 Col.15 少々

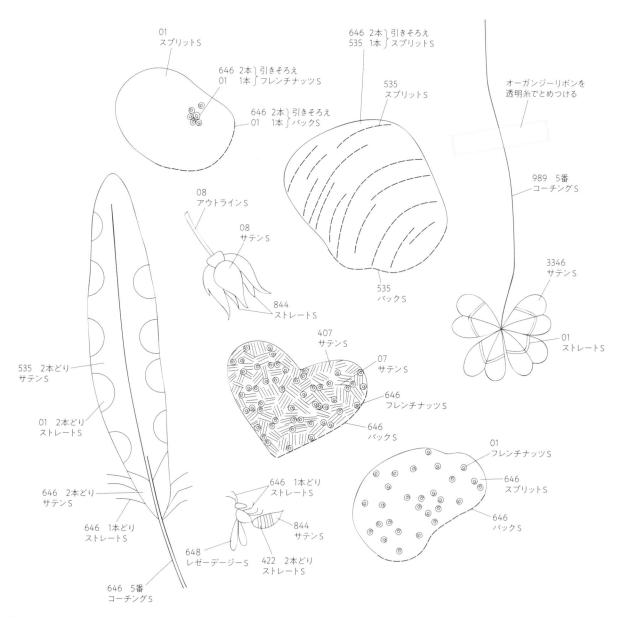

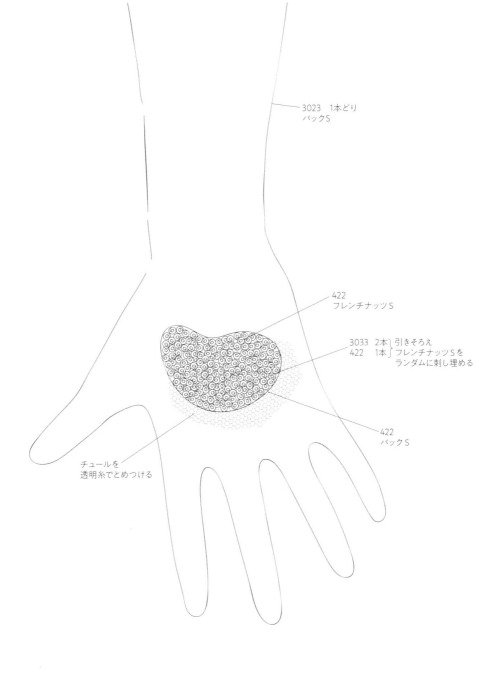

[材料] DMC刺しゅう糸25番=3033, 422, 3023　別布=ポリエステルチュール(モスグリーン)適量

おわりに

子どものころ近所を歩いていたら、土器を見つけました。
庭からは白い貝殻が出てきて不思議だなと思っていました。
今は緑に覆われた住宅地ですが、
ずっと昔は海辺で、縄文時代の人々が暮らしていたようです。
散歩の途中で手に取ったこの石は、
昔の人々が歩くときの足もとにあったのかもしれません。
数千年も前に同じ場所で、同じように空を見上げていた人がいた
と思うと、気持ちがすーっと彼方に吸い込まれていきます。

私が好きな本の最後の言葉です。

"Don't hurry, don't worry.
We are only here for a short visit
So be sure to "stop and smell the flowers"
　　　　　　　　　　Walter Hagen

花咲く道をゆっくり散歩いたしましょう。

青木和子　Kazuko Aoki

日々の暮らしの中で、自分が手をかけて育てた庭の花や、
旅先で出会った野原や庭の花たちをスケッチしたものを、
布地に刺しゅう糸で描いていく。
ナチュラルで魅力的な作品の数々は、いとしさ、美しさ、楽しさが
大いに人々の共感を呼ぶところとなっている。
手芸家としてだけでなく、園芸家としても熱心な勉強を続けている。

『青木和子 旅の刺しゅう 野原に会いにイギリスへ』
『青木和子 刺しゅうのレシピ A to Z』
『青木和子 クロスステッチ A to Z』
『青木和子 旅の刺しゅう2 赤毛のアンの島』
『青木和子 季節の刺しゅう SEASONS』
『青木和子の刺しゅう 庭の花図鑑』
『青木和子 旅の刺しゅう3 コッツウォルズと湖水地方を訪ねて』
『青木和子の刺しゅう 庭の野菜図鑑』
(すべて文化出版局刊)ほか多数。
フランス、中国、台湾で翻訳されている本もある。

参考文献
したたかな植物たち　　多田多恵子　SCC
野の草花　　古谷一穂　高森登志夫　福音館書店
にわやこうえんにくるとり　　藪内正幸　福音館書店
ときめくコケ図鑑　　田中美穂　山と渓谷社
のはらのずかん　　長谷川哲雄　岩崎書店
木の図鑑　　長谷川哲雄　岩崎書店
森のきのこ　　小林路子　岩崎書店
里山の野鳥ハンドブック　　小宮輝之　NHK出版
The Flower Shop　　Sally Page　Fanahan Books

Special thanks
国府田春美

刺しゅう糸提供
ディー・エム・シー(DMC)
〒101-0035 東京都千代田区神田紺屋町13 山東ビル7F
TEL：03-5296-7831
http://www.dmc.com

麻刺しゅう糸提供
アートファイバーエンドー(AFE)
〒602-8125 京都市上京区大宮通横木町上ル菱屋町820
TEL：075-841-5425
http://www.artfiberendo.co.jp/

ブックデザイン　　天野美保子
撮影　　安田如水(文化出版局)
トレース　　day studio ダイラクサトミ
DTPオペレーション　　文化フォトタイプ
校閲　　堀口惠美子
編集　　大沢洋子(文化出版局)

青木和子の刺しゅう
散歩の手帖

2018年　6月24日　第1刷発行
2018年 11月20日　第2刷発行
著　者　青木和子
発行者　大沼 淳
発行所　学校法人文化学園 文化出版局
　　　　〒151-8524
　　　　東京都渋谷区代々木3-22-1
　　　　電話 03-3299-2489(編集)
　　　　　　 03-3299-2540(営業)
印刷・製本所　株式会社文化カラー印刷

©Kazuko Aoki 2018　Printed in Japan
本書の写真、カット及び内容の無断転載を禁じます。

・本書のコピー、スキャン、デジタル化等の無断複製は著作権法上での例外を除き、禁じられています。
本書を代行業者等の第三者に依頼してスキャンやデジタル化することは、たとえ個人や家庭内での利用でも著作権法違反になります。
・本書で紹介した作品の全部または一部を商品化、複製頒布、及びコンクールなどの応募作品として出品することは禁じられています。
・撮影状況や印刷により、作品の色は実物と多少異なる場合があります。ご了承ください。

文化出版局のホームページ　http://books.bunka.ac.jp/

青木和子の本

青木和子　旅の刺しゅう
野原に会いにイギリスへ

イギリスの野原を訪ねる旅は、ワイルドフラワーの咲くメドウ（草原）、あこがれの庭、フラワーマーケット、街の中の花にも出会う旅でした。心に残る野原の風景や花のにぎわいを刺しゅうに。

青木和子　旅の刺しゅう2
赤毛のアンの島

豊かな想像力で、数多くの幸せと事件を引き起こしたアンの物語に描かれた花は、今でも咲いているのかしら……と、カナダのプリンス・エドワード島へ。植物、動物、建物、風景などを刺しゅう。

青木和子　旅の刺しゅう3
コッツウォルズと
湖水地方を訪ねて

イギリスのコッツウォルズの町と湖水地方を中心に、観光ルートではない小さな村も訪れ、カントリーサイドからのインスピレーションをもとにデザインをした刺しゅうは旅の記録でもあります。

青木和子
刺しゅうのレシピ A to Z

アルファベット26文字のモチーフを、こだわって一文字ごとに並べた刺しゅうの世界。ワンポイントで使ったり、ページをそのまま刺しゅうして額装したり。花や野菜、動物、食べ物なども満載。

青木和子
クロスステッチ A to Z

アルファベット26文字のモチーフをクロスステッチで。すごく小さいもの、うんと広いもの、おいしいもの、少し痛いもの……などコンパクトな1冊に187の図案が満載。テクニックのポイントも。

青木和子
季節の刺しゅう SEASONS

四季のいろいろなシーンを刺しゅうで描きます。フリーステッチとクロスステッチで、カレンダーや季節のお便りにも使えるデザインや、ワンポイントで使ってもかわいい図案がいろいろ。